まあまあふうふう。

八千草 薫

主婦と生活社

「歳をとる」のは誰もが初めて。

――まえがきにかえて――

「17歳で宝塚歌劇団に入ってから数えると……なんだか、ずいぶん遠くまで歩いてきたな……」

最近、自分でもそう思います。

そんな折。２０１８年の初夏でしたか、出版社の方からお話をいただきました。

「米寿を迎えられる八千草さんの〝今〟を1冊の本として、まとめてみませんか？」

お話をいただいて、最初はちょっと迷いました。

それでも、皆さんよりちょっとだけ長く、自分なりに一生懸命生きてきました。

昔よりも、しんどくなったことはありますが、それでも、犬と猫と、そして庭にやって来る鳥たちと、まぁまぁ楽しく暮らしています。

偉そうなことは言えませんが、

「〝自分はどうなっていくんだろう〟と、先へ進むことがなんとなく不安に思っている方に、少しでもお伝えできることがあるかもしれないな」

そんなふうに考えました。

そしてもうひとつ。

正直に自分の心の内を見つめ直す、いい機会とも思ったんですね。

こう書くと、なんだかとっても欲張りみたいですけれど。

「歳をとる」というのは、誰も皆、やったことがないですから。誰もがみんなそれぞれ初体験。

私も、ここから先は初めての道です。

「初めてのことなんだから、楽しんでやっていければいいな」

そう思っています。

八千草 薫

Contents

撮影　馬場わかな
ヘアメイク　及川英子（Ange.G　※79、81ページ）
デザイン　酒井好乃（I'll Products）
撮影協力　テレビ朝日
　　　　　八ヶ岳高原ロッジ
制作協力　原田純一（柊企画）
編集　石井康博（主婦と生活社）

1章

日々のこと。暮らしのこと。

「ま、いいか」で、いい加減に。

こう見えて、私はわりあいに大胆なところがあるのですね。

自分で言うのもなんですが、潔いのです。

表面は、そんなふうには見えないかもしれません。でも特に仕事に関してはは自分でも「不器用なところがあるなぁ」と思います。

お芝居ひとつとっても、いつまでも考えたり迷ったり。

「この人は何を考えているのか」

「どんな人なのか」

その考えが自分の中でまとまらないと、なかなかお芝居に入れません。

それに仕事以外でも、生きていれば私なりに悩むことや考えることは、いつもたくさんあって、尽きることはありません。

「こんな、くよくよしている自分が嫌だなぁ……」

そうやって、気持ちが沈むようなことも、もちろんあります。

でも、そうやってずっとウンウン考えていると、「もうここまで十分考えたんだから……」と思えるタイミングがあるんですね。それまで色々考えたり悩んだりしていても、私はそこでパッとやめます。

「……ま、いいか」

どれだけ、こだわっていたものだとしても、諦めます。

「えい、これでおしまい！」

そうやって前に進みます。

切り替えは決して早くないのですよ。どちらかと言えば、くよくよと遅いほうだと思うのですけれど、決めるタイミングが来るんです。

そして決めたら、もうそのことは考えません。


こんなふうに考えるようになったのは、亡くなった主人によく言われた言葉のおかげなのかと思います。

「いい加減に生きなさい」

「いい加減」と聞くと、あまりいいイメージではないかもしれないけれど、これは「おざなりに」という意味ではなくて。

「良い加減」という意味の「いい加減」ね。

ほど良く生きる、ちょうど良く生きる、ということ。

「中国には〝いい加減〟という意味の〝馬馬虎虎《まあまあふうふう》〟という言葉があるけれど、そういう気持ちでいたらどうだろう」

その主人の言葉を聞いてから、私は少し変わった気がするのです。

「あぁそうだなぁ……考え過ぎるのはもうやめよう」

「力を抜いてやっていこう」

　そう思えるようになったんですね。


　だから、というわけでもありませんが、70歳を過ぎてから自分の年齢を考えなくなりました。

　歳をとっていくと、誰でもそれまで普通にできたことができなくなったり、ちょっと気を抜くとすぐに体力や筋力、考える力が落ちてしまうようになったり、自分がどんどん変わっていきます。

　私も、70歳を過ぎてからは、５年……いや、５年もちませんね。もっと早く1年ごとに変わっていくなぁと感じるようになりました。

　ただ、それは悩んだりしても仕方ないことですから。くよくよしたところで私が50歳に戻れるわけではありません。

「まぁ、いいか」

　そうやって変わっていく自分も、受け入れてやっていくよりほかありません。本当は、一生懸命考えることが面倒くさくなって「まぁ、どうでもいいや」なんて思ってしまっているだけ、かもしれませんけれど。

心には、ユーモアを添えて。

映画監督だった主人の谷口千吉は明治の終わりの生まれ。その主人とは、私が26歳の時に結婚して50年――95歳で亡くなるまで一緒でした。

もう本当に自由に生きていた人でした。

話が上手で話好き。そして山登りや自然も好き。「日本男児」というよりは、どこか欧米の方のようなおおらかさと、何よりユーモアがある人でした。明治に生まれて、大正、昭和に育ってきた当時の男性としては珍しいタイプです。

「ユーモアがある」というのは、ひと言では説明が難しいですね。

ひとつ例を挙げれば、映画監督の黒澤明先生とのエピソードは主人らしいのです。

黒澤先生と主人は東宝で助監督をしていた頃からの仲でした。歳は黒澤先生のほうがふたつ上でしたが、若い頃にはふたりで一緒に下宿していたこともあるくらい仲が良かったんですね。

その頃を思い出して、主人はよく笑っていました。

「あの頃から黒澤は偉かったね」

「僕がぐうぐう寝ている間にアイツはひとりで起きていて、ずっと台本を書いていたんだ」

「そこで差がついたねぇ」

そういうことも、正直に口に出してしまえる人なんですね。


こんなこともありました。

主人はお酒は強くないのですが、ひと月にいっぺんくらい、ベロンベロンに酔っ払って帰ってくることがあったんです。ショットバーを何軒も、ひとりではしごして。そういう時はかならず電話を寄越しました。

「今、銀座だ。これから帰る」

そんな電話があると、

「今銀座だとすると、これくらいには帰ってくるな……」

そう思って待っているのですが、ちっとも帰ってきません。

すると、また電話が鳴るのです。

「渋谷にいる。これから帰る」

またしばらくして電話があると今度は、

「今、下北沢。これから帰る」

だんだん家に近づいてくるんですけれど、なかなか帰ってこない(笑)。

ある晩も、そうやって主人が帰ってこないので、私は主人を待ちながらテープレコーダーでテープにセリフを吹き込んで練習していました。

すると真夜中に主人が帰ってきて。

ちょうど録音している最中でテープが回る「シュー……シュー……シュー……」という小さな音に気づいた主人が私に尋ねました。

「この〝シュー……シュー……〟って何の音だい？」

私は、ちょっと主人にお灸を据えてやろうと思いました。当時、わが家ではガスストーブを使っていたので、

「もうこんなに飲んで遅くに帰ってくるから、あなたと心中しようと思ってガスの栓を開けたんです」

すると主人は「えっ？」と、とても驚いた顔で私を見ました。

「そうか……長いことお世話になりました」

そう言いながら目を閉じたんです。

あまりにも芝居がかった言葉に、おかしくて最初のうちは笑っていたのですけれど、しばらく経っても、目を開けません。

「……ちょっと……どうしたんですか？」

「ふざけていないで……」

だんだん心配になって呼吸を確かめてみると、息をしていません。

「……先生？　ちょっと大丈夫!?　起きて！　目を覚まして！」

本当に昏睡してしまった、とびっくりした私は、必死になって主人を目覚めさせようとしました。すると――。

「…………キミは僕を愛してくれているんだね（笑）」

ずっと息を止めて死んだふりしていたんです。向こうのほうが一枚上手だったんですね。

そういうことをパッと思いついてやってしまう、主人のそんな部分が、「面白いなぁ」って。


主人がこういう人でしたから、私はお芝居でも喜劇が好きなのです。

当人はとても深刻だけれど、見ている方はおかしい――深刻なことを深刻ぶらないというのが、好きなんですね。

そういう喜劇的な部分って、自分の心だとか言葉を伝える上で大事だなぁと思います。

ちょっと気に入らないこと、「嫌だなぁ」「つらいなぁ」ということがあっても、ユーモアでうまく切り替えて、笑いながら人生を歩いていけたらそんな素敵なことってないでしょう？

「馬が合う」から上手くいく。

主人は、とにかく嘘がつけない、正直な人でした。

はしご酒をして明け方帰ってきたような時でも、嘘がつけないんです。普通だったら、誤魔化したり、ちょっと言い訳したりするものなのでしょうけれど、一切しません。

普段、私が主人に問いたいと思っていることを溜めておいて、こういう時に聞くと、みんな正直にひとつずつ丁寧に話してくれて（笑）。

仕事も正直で真っ直ぐ。

特に男性の俳優さんにはとても厳しくて容赦がありませんでした。スタジオ中に響くような大声で若い俳優さんやスタッフの方を叱り飛ばすのは、撮影所では日常の光景でした。

映画の撮影では、監督を筆頭に撮影チームのことをよく「〇〇組」——「黒澤組」とか「小津組」というふうに呼びます。撮影現場のスタッフルームの入り口にも「〇〇組」と書いた看板がかかっています。

主人の場合は「谷口組」になるのですが、あまりに厳しくて口が悪いものだから、谷口組ならぬ「悪口組」なんて呼ばれたりして。

でも、そうやってずけずけと口は悪いのですけれど、その言葉にはどこかユーモアと愛情があったんですね。

主人は、その俳優さんが好きだから遠慮なく叱るんですね。好きだから怒る。

だから見ていると、

「あぁ、この俳優さんが好きなんだ」

と、わかるんです。

そういう気持ちがわかるから、「ワハハ」と笑って許せるのですね。

私は宝塚から始まって、芸能界という大変なところに何もわからないまま飛び込んでしまったわけですけれど、昔も今も、女性がそういう厳しい世界にいるというのは、やっぱりなかなか大変なことなのです。

それでも、思い詰めないでやってこられたのは、こんな主人のおかげかなぁと思います。

撮影現場ではあれほど厳しく演技に注文をつける主人が、私の仕事については何も言いませんでした。

「あのドラマは面白かったね」と作品の感想を言ってくれるくらいで、

直接アドバイスされることは一切ありませんでしたが、私には、それが逆に良かったのですね。

「作品を楽しめた」ということは、「私も及第点だった」と思うことにしました。

そんな人だからこそ、家では緊張しないでいられたな、と今になって思います。主人も気を遣ってくれていたのだとも思うのです。

これは、〝おのろけ〟になるのですけれど、もう本当に安心して生きてこられた、という感じです。

好きなものだったり、面白いなと思うものだったり、ふたり一緒の部分があって。

「馬が合った」とでも言うのかな。

だから、私という女優も、結局は、主人に育てられたんじゃないかと、そう思うのです。

自宅１階のサンルーム。大きなケヤキとヤマザクラが植えられた庭からは、小鳥たちのさえずりが絶え間なく聞こえる。

サンルームが家の特等席。

a. ビニール製の地球儀は、旅行好きだったご主人のコレクション。b. 地球儀以外にも、八千草さんが大切にしているものたちがあふれている。c. 陽の光が入る明るい部屋は「山小屋の雰囲気をイメージして」増築したのだとか。

着る服は、自分で選ぶ。

普段着はもちろんですが、仕事――取材やちょっとしたテレビ番組への出演の時に着るものも含めて、もうずっと長いこと、服は自分で選ぶようにしています。

もちろん、コマーシャルやドラマ、映画の撮影の時は、スタイリストさんや衣装さんがイメージに合ったものを用意してくれますけれど、それ以外はほとんど全部自分で、ね。

なんて言っても、私が着るものは何も特別な服でもないですし、すごいこだわりがあるわけでもないので、恥ずかしいですね（笑）。

ここ10年ほどは、薄手のニットを好んで着るようになりました。細い糸で編んであるので着心地が軽くて、それでいて重ねて着れば暖かくて。

着ていてとても楽なのです。

年齢を重ねていくと、重い服、かさばる服が苦手になってきますから。

好きな服、似合う服を大事に着る。

a.「親しくしている編み物作家の方が編んでくれて」というニット。重ね着して色の組み合わせを楽しむのだとか。b./c. アウトドアブランド『L.L.Bean』のトレンチコート。山登りが好きだったご主人の影響で。

a.

b.

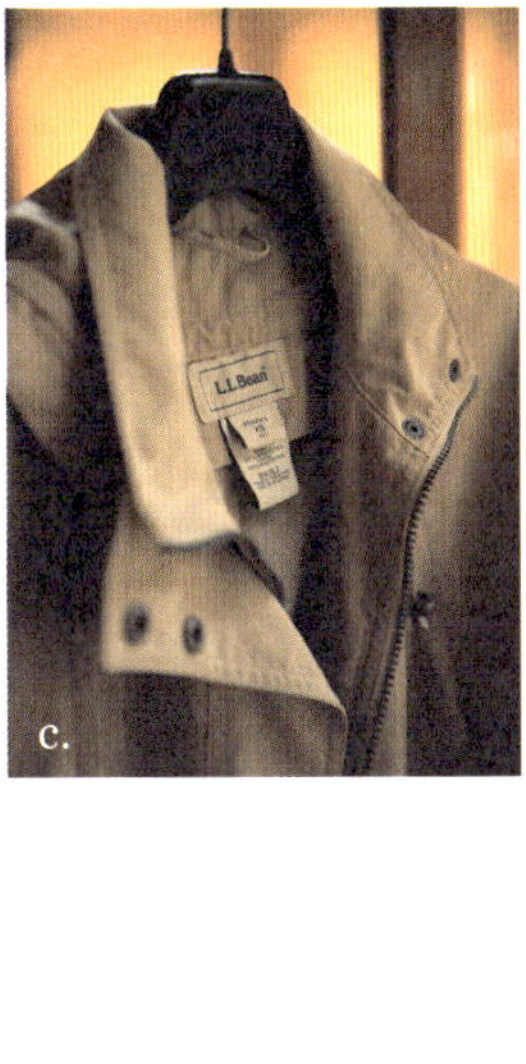

c.

それに、きちんとし過ぎるのもどうも好きではありません。ニットの服なら、ふわっとした印象になりますから、重宝しています。

デザインは、あまり装飾のないシンプルなものが好き。

少し広めの開きの丸衿のニットがいいなぁと思って、色違い、デザイン違いで持っています。

特別変わったデザインのものを選んだりすることは少ないですね。歳とともに、

「衿もとが少し寂しいかしら」

と思うこともあって、小さい衿のついたものをここ数年、着るようになったくらいでしょうか。

一度気に入って買ったものは長く着たいですから、新しい服を次々に買ったりもしません。

服に合わせるアクセサリーも、今、手元にあるのは、本当に好きなものだけです。

旅行や仕事で海外に行った時、現地のお店で気に入って買い求めたものが多いですね。

高価なもの、良いものというよりも、ちょっと変わったデザインやか

b.

アクセサリーは
アクセント。
ほんの少しだけ。

a.

c.

a.ペンダントやネックレス、ブローチは「大げさでなくて、それでいてアクセントになってくれるものが好き」。b.インドで出会った緑のネックレスはお気に入りの１本。c.小さなアクセサリーひとつひとつに思い出が。

わいらしくて面白い形、鮮やかな色だったり——自分が「ちょっといいなぁ」とピンときたものに惹かれます。

こうした服やアクセサリー、持っているものを引っ張り出しては、色々考えるのが楽しいのです。

「これとこれを組み合わせたら素敵かな……」

「こんな組み合わせ、面白いわねぇ……」

新しいものを買う時も、ちょっと考えてから買うようにします。

「今持っているものと上手く合うかしら……？」

そうやって毎回私なりにちょっとした実験をするのです（笑）。自分の組み合わせのアイデアが思いのほか上手くいって、

「その色の合わせ、素敵ですねぇ……！」

なんて褒めていただいたりすると、それだけで、ちょっとうれしいんですよね。


お芝居の時に着る衣装も、やっぱり考えますよね。

お芝居の時は先に書いたように、基本的には用意していただいたものを着るのですが、時々、

「この役は、こういう服は着ないんじゃないか、と思うんです」

そう、スタッフの方に、演じる側から感じたことや考え、意見をお話ししたりすることもあります。

撮影している間は、私も役になりきって、ずっとその服を着るわけですから、その人の好みに合ったものを身につけたいと思うのです。

「うーん……どうも違うなぁ」

そういう時は、やっぱりだめなんです。気持ちも、お芝居も、今ひとつ入っていけないものなんですね。

逆に服がぴったりと合っている時は、撮影している間にも新しいアイデアが次々出てきて、お芝居もとてもスムーズになります。

服はただ着飾って見せるためのものだけではなくて、その人自身、私自身を表すものですから。

だからこそ、自分の好きなもの――いいなと思うものを大事に着たいのです。

家中にあふれる動物たち。

a.b.c.d.犬や猫の置き物に豚の貯金箱、鳥の寒暖計——自然が好きな八千草さんの自宅は、あちらこちらで動物たちが出迎えてくれる。あまりの数の多さに「知り合いの男の子が遊びに来た時に〝この家は動物ばっかりだね〟って（笑）」。

a.

b.

d.

c.

最愛の家族の思い出。

a. 1957年に映画監督だったご主人と結婚。その結婚写真は眼鏡型の記念品に。b./c. 直径20センチはあろうかという〝巨大松ぼっくり〟とスツールにもなる〝キノコもの入れ〟。「変わったものが好きですね、主人も私も（笑）」。d. 自宅リビングに掛けられた、画家・白根美代子氏の手による肖像画。e.〝ヒマラヤの石ころ〟もご主人の「面白いもの」コレクション。

「役に立たない」から毎日豊かに。

家には色々な——と言うと聞こえがいいのですけれど、本当にたくさん置きものがあるんです。犬や猫、鳥に羊、うさぎ、豚……生きものたちの置きものから、きのこの形をした物入れだとか、普通の大きさの10個分くらいはありそうな大きな松ぼっくりだとか、何だかよくわからないものまでたくさんあって。

主人が、こうした「何だかわからないけれど面白いもの」を、あちこち出かけては見つけて持ち帰ってきていたんですね。

だから家の中はそんなものばっかりになってしまって(笑)。それを見るたびに、「あぁ、ちょっとは片付けたいなぁ……」と思います。

でも、「邪魔になるから買うのをやめよう」というのも、つまらないんですね。役には立たないけれど、自分にとって「ちょっといいな」というものって、生活を豊かにするでしょう?

だから買いものをするのなら、高いものではなくて、自分の心がウキウキするようなものに出会いたいのです。

ものは、捨てない。

自分でも呆れるくらい、ものを捨てないんです。捨てられない、と言ったほうが正確かもしれません。

例えば、私が今ちょうど、犬の散歩の時に羽織っている「ヤッケ」。薄くて軽くてちょっと羽織るのにちょうどよくて、着て歩いていると「それ、いいですねぇ」と褒められたりもするのですが、これは主人との新婚旅行の時に買ったものなんです。

新婚旅行ということは、60年も前のもの。世の中に出てきたばかりのナイロン生地を初めて製品化したという、その当時としては、最新鋭のヤッケだったんですね。

脚や肘掛けを、犬たちにガリガリとかじられ放題かじられてしまった猫足の椅子も、お嫁入り道具に持ってきたものです。

座面や背もたれは張り替えたりしていますが、今も家の1階に造ったサンルームでの日向ぼっこには重宝しています。

だから、皆さんに「ものもちいいわねぇ」と笑われてしまうんですね。

でも、昔のものはいいんですよ。

何年も、何十年も前にしまっておいたものを引っ張り出しても、「やっぱりいいなぁ」と感じます。

こうした着るものでも、まず第一に生地がいいでしょう？　縫い方もとても丁寧です。昔は、時間にもゆとりがあったからなのか、細かい部分までしっかり丁寧に作られているんですね。

だから長持ちするのです。

もちろんずっと使っていれば、傷んでもくるのですけれど、必要なところだけ手を入れたらずっと使えますから。

手をかけてあげると、その分、自然と大事にします。


もうひとつ。

ものには、ひとつひとつ、思い出があると思うんですね。

私はこの「思い出」が捨てられないのだと思います。

手に入れた時のうれしかった気持ちってあるでしょう？　驚きや思わず笑ったこともあるでしょう？

「あぁ、この松ぼっくりは、主人が大阪万博の仕事をした時に、ソビエト館の方にいただいたんだっけ……」

b.

a.

愛着を持って丁寧に。
60年愛用のものたち。

a. 銀座松屋で購入した〝嫁入り道具〟の逸品。b. 元登山用ヤッケは、今も現役で大活躍。外出時にさっと着られるように、いつも玄関のポールハンガーに掛けられている。

「豚の貯金箱は主人が硬貨を入れすぎたせいで、重くなりすぎてどこへも動かせないけれど、割ってしまうわけにもいかないし……」

犬たちにあちこち噛まれてボロボロになってしまった椅子も、傷のひとつひとつに大事な記憶があるんですね。

ものの先に思い出がある、というのでしょうか。

他の人が見たらなんでもないようなものでも、私にとってはとても大事なものだったりするのは、記憶がきちんと残っているから。

それが、私には何よりも大事なのです。

だから私、「断捨離」という言葉がすごく苦手なんです。

ものに対してなんだか残酷で、きつい言葉のような気がするんですね。「断」って「捨」てて「離」れる、なんて……。そのものと別れる時は、せめて「ありがとう」をたくさん言ってあげたい。

思い出も何もかも――私のこれまでを全部を始末しながら生きていくなんて、そんな人生は、「ちょっと寂しいなぁ」と思うのです。

生きものと暮らす。

小さい頃から私は動物——生きものが大好きなんです。

猫も鳥も、もちろん植物も好き。今も猫が家に1匹（と、庭に勝手に遊びに来る子が2匹）いますし、庭ではエサをついばみに来たすずめや小鳥たちが、いつもにぎやかにしています。猫も鳥たちもどちらも人見知りなので、誰か人が来るとサッと隠れてしまうのですけれど。

ひとりでいると「生きものが家の中にいてくれる」というだけで、とてもほっとするんです。

中でも小さい頃から一番身近な友達が、犬。

今、家にいるシェットランドシープドッグの「ヴェルディ」を入れてこれまで12頭の犬を飼ってきました。

犬は、本当にかわいくてかわいくて。これはちょっと恥ずかしいのですけれど、私、犬のにおいも好きなんです。「ふんふん……」としているだけで、なぜだかとても安心します。

家に帰ると犬と猫、揃って迎えに来てくれますし、落ち込んだり、元気がないような時は、そっとそばにやってきて慰めてもくれます。

今も毎朝、犬と散歩に行くのは日課のひとつです。朝5時に起きて、準備をして6時すぎに出発。1時間くらいかけて近くの大きな公園をぐるっとひと回りする――というのがいつものコース。犬と一緒に私も朝からたっぷり歩いて、なんだか生き生きするんですね。でも、ここ最近は、リードを持たないようにしています。急に引っぱられたりすると、思わぬケガにつながらないとも限らないからです。シェットランドシープドッグは中型犬なのですが、元々が牧羊犬だけあって瞬間的な力はとても強いんです。

散歩中、急に走り出して引っ張られると、私の力では止められません。もうこれまで何回ひっくり返ったかわかりません。だから、ヴェルディのリードはドッグトレーナーさんにお任せして。私は、ヴェルディが喜び勇んでわっほわっほ歩いて行くそのうしろを、トコトコとついていくんです。ヴェルディもわかっていて、私と一緒の時は、ゆっくり歩いてくれるんですね

でもこれでは、どちらが散歩に連れていってもらっているか、わからないですね（笑）。

小さい頃から犬が大好き。近所の犬好きの家に遊びに行って「犬たちに埋もれて寝ちゃった」ことも。

ぶらぶらと、5000歩。

犬と一緒でなくとも、元々「歩く」ことが好きなのです。足腰を鍛えて体力を落とさないように、という意味ももちろんあるのですが、普通にただただただ歩くだけでも気持ちいいんです。「一日1万歩、歩くといい」と聞いて、しばらくは1万を目標に歩いていたのですが、1万歩だと私にはちょっと多いの。歩き過ぎなんです。そうなるとせっかく歩いているのに、だんだん疲れてきて嫌になってしまうので、今は5000歩。それくらいが私にはちょうどいいんです。近くにふたつある公園までの道を、日替わりで飽きないように歩きながら色々なことを考えます。

仕事のことや、これからのこと──そうそう、ドラマのセリフを思い出して覚えたりもしますね。周りを見て「誰もいないな」ということを確認してから、大きな声でセリフを言ってみたりすることも、ね（笑）。

そうやって歩きながら、いつもと違う道を通ってみるだけでも新しい発見があったり、季節によって近所のお庭の花や公園の木々の様子も変わっていったり、楽しさがあるんです。


主人がいた頃は、いつもいっしょに近所を散歩していました。主人は学生時代から山登りをしていたこともあって、私よりも、もっともっと歩くことが好きでしたから。

ふたりの散歩も、ただひたすら歩くだけ。朝出かけて、気がついたら夕方になってしまうこともありました。

ただ、散歩している間は、普段、面と向かって言えないようなことも、緊張せずに話すことができたりするんです。歩いている時のほうが、なぜだか、お互いの話に自然と耳を傾けることができたりします。

話すといっても、たいしたことではないのですけれど、一見、たいしたことじゃないと思っていたことでも、「口に出してみたら大事なことだった」ということもよくあって。

家にいると、気にも留めないようなことをふっと言ってみたら、「あぁ、これって大事なことだったなぁ」

そんなことって、結構あるのかもしれません。

「転ばないように」を考えすぎない。

それでも、毎日歩いているだけでは、なかなか体力や筋力を維持できなくなっていくものです。

お芝居は体力勝負。

体が動かなくなったら、どんなに上手な方でも続けられません。逆に言えば、体力さえあれば、80歳でも90歳でも仕事ができます。

いえ、お芝居だけでなく普段の生活でも、体力が一番大事です。体力がなくなってくると、きちんと考えることもできなくなりますから。

若い頃に比べたら、体力がなくなってきたなぁと感じることも増えました。「悔しいなぁ」とも思うのですが、だからこそ意識して体を動かします。家の中の階段もそう。私の寝室は2階にあるのですけれど、

「1階にしたほうがいいですよ」

「転んだら危ないから」

そう、たびたび言われるんです。

そうでなくとも、一日に何度も階段を上ったり下りたりすることもあ

って、私自身も「大変だ」と思う時もあるのですが、階段があるから体が鍛えられている、という部分もあるのです。

そもそも、その「転ばないように」が、なんだかよくないなぁって。転ばないようにすることは大切なことですが、それだけをあんまり考えてしまうと、どんどん衰えていくような気がします。


筋力が落ちないようにトレーニングもしています。

週に1度、トレーナーさんと一緒に1時間かけてトレーニングを続けているのですが、それでは足りないので、体の筋肉を動かす体操もします。ほとんど毎日15分間。これは夜寝る前の習慣です。

足を高く上げたり、つま先で立ったり。そして、そのままの姿勢をぐーっと保ったり……。筋肉は場所それぞれに役目がありますから、同じ箇所ばかりでなく、体の表側の筋肉も裏側の筋肉もしっかりと。そうやって体操を終えるとあちこち痛くなるんですけれど、その痛みが筋肉を強くしてくれるんですね。

トレーナーさんから、「筋力がついてきましたね」と言われると、やっぱりうれしくて。いくつになっても褒められるって気分がいいですね。

みんなと同じものを、ゆっくり食べる。

食べることは昔から好き。

だから食事で気を遣っていることは、それほどありません。好きなものをいただくようにしています。

以前は時間があれば私も料理をしました。

得意料理……とは言えないですけれど、主人も私も紅茶が好きで「ミルク紅茶」も、よく作りました。以前、旅をしたネパールの山あいでは、羊を飼って生活している人たちが大きな鍋で、このミルク紅茶を作っているんです。

紅茶の葉っぱをぐらぐら煮出して、そこに牛乳を注いで……。家で作っても、素朴な味なんですけれどコクがあってとても美味しいのです。

朝はパンを食べることも多いので、このミルク紅茶はパンの時は今も必ず飲みます。あまりふわーっと厚くて柔らかいパンは苦手。薄いトーストが好きなんです。パリッと焼けたところに、たっぷりのバターが溶けて……とても美味しいのです。

朝のミルク紅茶。素朴な味わい。

a. カップ半量分の湯を沸かし、茶葉を小さじ１杯。
b./c. しっかり煮出したら、牛乳をカップ半量ほど注ぐ。
d./e.吹きこぼさないよう注意しながら、さらに煮出す。
f. 火を止めて、砂糖を入れて甘くしていただく。

今は家政婦さんが朝昼晩、栄養やバランスを考えて作ってくれているので、私は、それをいただくだけね（笑）。

だから特別気をつけていることってそれほどないですけれど、強いて言えば、お肉をきちんと食べること。

「高齢の人ほど、お肉を食べたほうがいい」

「体力をつけるにはお肉が一番」

そう聞いてから、なるべく摂るようにしています。


元々好き嫌いも全然ありません。

絶対に食べられないものもなくて。生のお魚――お寿司も大好物ね。味や見た目にちょっとクセのあるもの……例えば「ナマコ」とか苦手な方もいらっしゃるでしょう？ 見た目がすごいから、「アレを最初に食べた人はすごいなぁ」と思うんですけれど、そういうものも大丈夫。

これは、小さい頃に父方の祖母にきつくしつけられたからです。

「好き嫌いはだめ」

「残さないで全部ちゃんと食べること」

三つ子の魂――ではないですけれど、「食べ物は残しちゃいけない」ということが、いまだにずっと残っているんです。だから、

「お腹いっぱいだなぁ……」

「もう、ちょっと食べられないなぁ……」

そう思っても、食べてしまいます。

「いいや、いいや！　食べちゃおう……！」

食べ過ぎて後で苦しくなることもあります。


そして、もうひとつ、心がけていることがあるとするなら、どんな時でも、できるだけ皆さんと同じものをいただくようにもしています。

美味しいものを食べている時に、あまり余計な気を遣わせてしまっても悪いなぁと思うので。撮影でも、私だけ別の食事を用意してもらったり、なんて気が引けてしまいますから。

そうしていると、一緒に食事をした方に驚かれます。

「すごくよく食べるんですね……」

その代わり、食べ終わるのは一番最後。

食べるのはとても遅くて。これも小さい頃から変わりませんけれど、そうやってゆっくり食べているのが、体には良かったのかもしれません。

スキンケアは、引き算で。

「肌のお手入れはどうしてますか？」

こういう仕事をしているせいか、時々、そんなことも聞かれるのですけれど、これも特別なことはやっていなくて恥ずかしいんです。

それでも、ひとつだけ心がけていることがあるとしたら、「シンプルに」ということ。

洗顔は石けんで。

私、昔から石けんが好きなんですね。だから、顔を洗うのも、体を洗うのもずっと石けんを使っています。最近は、富士山の火山灰が入ったものが洗い心地がさっぱりしていて、気に入っています。

そのあと、化粧水と乳液をつけて終わり。ほら、皆さんと変わらないでしょう？

季節によって変えたりということもなく、一年中同じものを、同じように使っています。

いちいち変えるのはちょっと面倒ですし、そうでなくとも、今の時代は、肌に色々と付けすぎているんじゃないかなぁという気がしているから。

私もこの頃では、80歳や90歳の役を演じるようになりました。実年齢に近い役を頼まれることが多くなってきました。そこで、

「自分と同じ歳なのだから、そのまま、お化粧をしないで演じてみようかな……」

と、考えてやってみることにしたんです。できるだけお化粧をせずに、最低限のメイクで。

すると、それが何だかとても気持ちいいのですね。肌も調子が良くて、生き生きとしてきたのがわかるんです。

「足し算」よりも「引き算」、くらいでいいんじゃないかな。

重ねて重ねて……よりも余計なものを少しずつ減らしていって、自分に合うものを必要最小限使う。

そのほうが歳を重ねてからの肌にはずっといいですよ。

ついつい、夜更かし。

寝るのはいつも11時くらい。

朝は5時半に起きるので「早く休まないと」とは思うのですけれど、どうしても早く休めないいんです。

ひとりになると、区切りをつける――それまでやっていた用事や仕事、作業の手を止めて寝る、というのが難しいのです。いつまでも何かし続けてしまいますね。

時間がずっと続いているような感じがする、というのでしょうか。

誰かがそばにいると、「さぁ、そろそろ寝なくちゃ」という雰囲気になるのでしょうけれど、ひとりだと「これからも何をしてもいいんだ。誰も止める人もいないし」という感覚になってしまうのでしょうね。

これは、ひとりになった方、皆さんきっと同じなんじゃないかなぁ。私だけかしら？（笑）

「良くないなぁ」と思いながらも、ついつい夜更かししてしまうんです。この先、ちょっと考えないといけない私の小さな課題ですね。

寝る前に「神様、ごめんなさい」。

私は、小さい頃、肺の病気をしたせいで、兵庫県の六甲山のふもとにあった父方の祖父母の家に預けられていたことがあるんです。母の元を離れての転地療養ということで。

今から考えると祖母はとてもハイカラな人でした。

昭和12年当時まだ珍しかったのですが、朝食はフランスパンでした。六甲の家の周りにはパン屋なんてありませんから、わざわざ電車に乗って神戸・三宮までフランスパンを買いに行っていたような人でね。

ただ、しつけは厳しかった。

学校がない日曜には、家の手伝いをさせられるんです。私の仕事は、廊下の雑巾がけ。

「子どもでも、ちゃんと仕事をしなさい」

という祖母なりの教えだったのだと思います。

そんな祖母から、もうひとつ言いつけられている日課がありました。

夜寝る前に神様に一日を報告する、というものでした。

「神様にちゃんと手を合わせて、〝ありがとうございました〟って言ってから寝るように」

そうすると子どもなりに、その日あったことを一生懸命考えますよね。

「今日はどういうことをしたかな……？」

「今日はちょっと、こういう悪いことをしちゃったなぁ……」

その頃の私の神様は、亡くなった父。だから布団の中で父に正直に報告していました。

「お父さん、もう二度としません！　ごめんなさい」

「今日もありがとうございました。おやすみなさい」

あったこと、やってしまったことを思い返して、反省したり感謝したりしてから眠るのです。

これは今になっても、変わりません。

毎晩、神様にきちんと報告して反省しないと、なんだか眠れないんですね。だから今も毎晩ベッドに入ると必ず手を合わせて、

「神様、今日もごめんなさい……！」

なんだか、ちっとも成長していないようだけれど（笑）。

2章

山のこと。自然のこと。

10月、秋深まる八ヶ岳高原。木々は金色に色づきだす。

山に、入る。

私は山登りが、とにかく好き。山が好きなのです。「山に登る」よりも、「山に入る」という言い方がしっくりきます。「自然の中に自分が入っていく」という感覚なのかもしれません。山の中にいる、木々の中にいるということ自体が好きなんです。

だから、時々、北海道でロケをするようなドラマがあったりすると、そういう時はもうすごくうれしかったのを覚えています。「自然の中にいる時と、東京にいる時とでは表情が全然違いますね」なんて、笑われたりすることもあったり。


もちろん高い山に頑張って登っていくことにも、うれしさはあります。本格的な山登りは、学生時代からずっと山を登っていた主人と結婚してから始めました。

主人のおかげで、高く険しい山々にも登ることができました。有名な剣岳も登りましたし、ネパールではエベレストへのベースキャンプまで

静かな朝。ほんの束の間、雲の間から八ヶ岳連峰が顔を出す。

続くキャラバンルート「エベレスト街道」も歩きました。キャラバンルートといっても一番高いところで標高４０００メートルもある場所ですから、我ながら「よく歩いたな」と思います。

初めて主人と一緒に行った山は北アルプス。上高地から徳沢まで――常念岳や槍ヶ岳、奥穂高岳への入り口まで入ったんです。

私が「山へ行きたい」「山へ行きたい」とずっと言い続けて、やっと連れて行ってくれたのですが、それが12月、冬の真っ只中（笑）。

初めての山行が冬山なんて、今思うと無茶をしたなぁと思うのですが、あの時は山が初めてだから、もううれしくてうれしくて、主人に一生懸命くっついて行けたんです。

主人は背が高くて歩幅も大きいので歩くペースも早いのですが、私は小さくて重い荷物も背負っています。山靴もびっくりするくらい重くて大きなものを履いていますから、どうしても主人から遅れます。せっかく一緒に行っているのに、別々に歩いていくことになってしまって。

でも、そうやって苦労した道々の冬景色――辺り一面、雪の白一色で私たち以外に誰もいないその景色は、今も思い出すと胸が躍るような気持ちになるのです。

こんなことを書いていると、また冬山に行きたくなってしまうなぁ。

a.

秋から冬へ。
季節のうつろいを
味わう。

b.

d.

c.

a. 台風の影響で「今回の紅葉はいまひとつ」。それでもこの鮮やかさ。b. 秋の空はどこまでも高く、澄んでいる。c. 雲がはれた時だけ、優しい木漏れ日が降り注ぐ。d. 紅葉シーズンが終わると、山はいよいよ冬支度を始める。

何もしない山の暮らし。

やっぱり自然というのは眺めるだけではなくて、その中に入らないと味わえないものです。

山に入ると、体で自然を感じられるような気がして、とても気分がいいのです。空気もきれいですし、風も心地よいですから。

「あぁ……自然っていいものだな……」

長野県の八ヶ岳のふもとの高原に、小さな家を建てたのは、

「こういう自然の中で、犬たちとも一緒にいられる生活をしたいな」

と、思ったからです。

ふもとと言えども標高は1750メートルもあって、周りはずっと森。夏は涼しくていいのですけれど、冬にはマイナス15度にもなる場所です。

でも、そういう場所なので図鑑を見てもわからないくらい、たくさんの種類の鳥たちがそこかしこに飛んで来ますし、鹿も家のすぐ目の前までやって来ます。

鹿は木の新芽や皮まではいで食べてしまうので、木がかわいそうなの

山道をただただ歩く。
それが楽しい。

a.「今でもわりあい足腰が強いのは、山登りのおかげね」。b.愛用のニット帽は未洗浄の羊毛を編んだもの。独特の風合いがお気に入り。

ですが、鹿も家族みんなでやって来て、生きるために一生懸命食べているんですね。それもまた自然の中のことなので、私はそっと見守っていますけれど。

山の家で生活と言っても、特に何をするというわけではありません。料理をしたり、紅茶を入れて飲んだり、本を読んだり、手紙を書いたり、近くの家のお友達と一緒に食事をしたり……。

その中でやっぱり一番の楽しみは、歩くこと。落ち葉や石ころだらけの土の道を歩くことが大好きなんですね。私にとっては、アスファルトできれいに舗装された道よりも、なぜか歩きやすいのです。

山の家の周りの森の中には遊歩道がたくさん通っていて、時間があれば、そこを歩いて。ずっと歩いてばかり。こう書いてみると、東京にいるのと変わりませんね（笑）。

遊歩道の先の目的地まで全部歩けなくとも、歩きたいだけ歩いたら途中で帰ってきてもいい。あてもなく歩くこともしょっちゅうです。

坂道を上ったり下りたり、また上ったり。とにかくただただ、ゆっくり歩きます。

うさぎ小屋。

山の家は、主人と私、あとは犬と猫を連れていくためだけの家でしたから、1階に小さなリビングとキッチン、2階に寝室があるだけ。

本当につましく小さな家です。

ただ、あまりにも小さく建ててしまったので、いざ住んでみたらちょっと窮屈でした。

そこで後から、テラスだった場所に屋根と壁、窓を新しく建て付けて、ちょっとだけ部屋を広げました。

そうそう、その時に、わざわざ私が「模型」を作ったりもして。

主人が「完成イメージがわかないなぁ」と言うものですから、設計図を元にして、それをボール紙にきちんと縮尺して書き写して、切り出し糊で貼り合わせて……。改築後の模型を作って説明したのです。

私、手先はわりあいに器用で、小さい頃から図工が得意なんです。

でもそうやって改築しても、まだやっぱり狭い。

「ここは、〝うさぎ小屋〟だねぇ」

山の家“うさぎ小屋”。

a.b.c.「来たのは2年ぶり」とは思えないほど整理整頓され、八千草さんの丁寧な暮らしぶりが伝わる。d.アメリカで手に入れた木彫り…ではなく陶器（！）のうさぎ。本物のうさぎそのままのような目の鋭さがお気に入りだとか。

主人がそう笑っていたくらい、本当に、小さな小さな家ですけれど、主人もとても気に入っていました。

そんなうさぎ小屋で、毎年、夏と冬の1、2週間を過ごしました。お正月を迎えることもありましたし、秋の紅葉の季節もよく通いました。

実際に、1年の半分以上を山の家で生活していた時期もあって、そういう時は山の家から直接、東京の撮影現場に行って仕事をするんです。最寄りの駅から朝一番の始発電車に乗って出かけると、とても気持ちよくて。

春から夏にかけては、電車窓のすぐ外、手で触れそうなところまで木々の葉がわーっと迫ってくる中を——まるで緑のトンネルの中をゆっくりとトコトコ走って行くようで、何とも言えない高揚感がありました。

そうして、仕事が終わると、満員の最終電車に飛び乗ってまた山へ帰ってくる——主人がいた頃は、そういう生活をずっと楽しんでいました。

ひとりになってからは、さすがに冬の間はなかなか山の家にも行けなくなりました。それでも、ふとした時に「山の家は大丈夫かなぁ」と気になって様子を見に行きたくなるんです。

不便を楽しむ。

楽しい山での暮らしですが、やっぱり生活するには、なかなか体力が必要です。真冬でも雪はそれほど積もらない地域ですが、それでも家の周りの雪かきは欠かせなくなります。

食料品や日用品をちょっと買うにも、一番近くのスーパーへは山を下りて駅の近くまで行かないといけません。駅も近いように思えて、車で15分ほどはかかりますから、買い忘れがあると大変です。

そして洗濯機も置いていないんです。あるのは大昔の手動の洗濯機だけ。ドラムの中に洗濯物を入れてハンドルを回すと……中で洗濯物が「バタン！　バタン！」と回って汚れが落ちる、というものね。

これでも汚れはちゃんと落ちるのですが、すすぎや脱水は全部手でしないといけないから大変です。

山の生活は不便なことばかりなのですが、でもそれが楽しいんですね。不便があるから考えるし、「何か工夫してみよう」と知恵を使うのであって。生活する楽しさって、そういうところにもあるのだと思うのです。

c.

a.

b.

e.

d.

山の暮らしの道具たち。

a. 窓に貼ったフクロウのシール。「小鳥が飛んできて窓ガラスにぶつからないように、"ガラスがあるよ" って知らせているの」。b. "Bean ブーツ" はご主人の愛用品。c. 木の枝払いや雪かき……山の生活に道具は欠かせない。d. 植物や鳥を調べるのも楽しみのひとつ。e. 何だかわかりますか？　正解は「外国製の "虫捕り器"。捕った虫を殺さずに家の外に逃がせるのよ」。

b.

a.

c.

親しい人たちへ。山のたよりを。

a. チェストは天板を開くとデスクに早変わり。b. 切手入れは几帳面だったご主人が見やすく取り出しやすいよう工作したもの。c. 手紙より「はがき。大げさじゃなくて好きですね」。

3章

芝居のこと。仕事のこと。

「欲がない」からこそ、丁寧に。

16歳からずっと女優を続けてきましたが、知らぬ間に、ここまで来てしまったように感じます。ふと気づいて振り返ってみたら、

「……おぉ、結構遠くまで来ちゃったなぁ」

小さい頃から、授業中、手も上げられないくらいの引っ込み思案でしたから、自分から前に出るなんて、とてもできない子どもでした。

「この仕事は自分に向いていたのかな……」

「私はこの仕事が好きなのかよくわからないな……」

もう70年以上もやっているのにおかしいけれど、いまだに、そんなふうに考えることもあるのです。

女優という仕事は、もちろん好きは好きなのですけれど、どこか……仕事に対して、のんきなんですね。そういう性質だからか、私は自分から、「これをやりたい」ということがほとんどありません。

「この役を演じたい」

「あの作品に出たい」

そういう欲がないのに、よくやってきたなぁと自分でも思います。まぁ、役者が「これをやりたい」と自分から言うのも、勇気がいることなのですけれど。でも、だからこそ、いただいたひとつひとつの仕事にきちんと向き合って、ひとりひとり一生懸命演じられる部分もあるのかもしれません。

いまだにどんな仕事も、現場に入る時は緊張します。スタジオに入ってくる時には、もう役のことだけを考えていますから。

共演者の方やスタッフの方とおしゃべりしていても、パッと切り替えてサッと泣ける役者さんもいらっしゃるけれど、私はだめ。「さぁ泣かなきゃ」では涙が出ません。ずっと役を引っ張っていないと、お芝居ができないんです。

だから、現場に入る時に「おはようございます」と言われても、共演者の方とおしゃべりしながら「そうですねぇ」なんて笑ってはいても、もう半分上の空（笑）。これは俳優、女優それぞれの演じ方というか、気持ちの作り方というか――癖みたいなものでしょうか。パッとできる方を見ていると「すごいぁ」と思いますけれど、私にはこれしかできませんから、これればかりはどうしようもありません。

女優への入り口は、空想少女。

「なんで私は引っ込み思案なのかな……」

そう考えてみると、小さい頃からずっと親元を離れて、よその家で育ててもらったからじゃないか、と思うのです。

2歳の時に、父が結核で亡くなってしまったので、私は3歳から大阪市内の知り合いの家にずっと預けられたのです。母は私を預けておいて仕事をしてね。だからもう、物心——どころか気がついた時には、私はよその家にいたの（笑）。

もちろん、1週間に1、2度、母が会いに来てくれるのですけれど、毎日一緒に過ごすのは、知り合いのおじいちゃんとおばあちゃんと、娘さん。その娘さんは私のことを本当にかわいがってくれたなぁ……。

ところが、小学校1、2年生の頃、肺の病気になってしまったんです。転地療養ということで、今度は前にも書きましたけれど、父方の祖父母のところに預けられることになって。

自分の家ではないところで小さい頃を過ごしてきたからか、物心ついてくると、ちょっと遠慮がちになってくるんですね。今でもそれが残っているのかもしれません。

不思議なもので、私はそこでお芝居の世界というか、物語の世界に触れることになったのです。

病気で転校したのはいいのですが、しばらくは学校へも行けないし運動もできないしで、何もすることがありません。

そんな時に「本を読む」ことを覚えて、それに夢中になりました。祖父母が買ってくれた世界童話全集や物語といった子ども向けの本から本棚にあった大人向けの雑誌まで、片っ端から読みました。

それこそ活字中毒になったように。

あれこれ読みながら、自分がお姫様になったり、冒険家になったり――色々空想を膨らませて、夢を見ていたんでしょうね。

そんな中には『歌劇』という宝塚歌劇団の雑誌もありました。「きれいな人がたくさんいるなぁ」と思ったのを覚えています。「宝塚に入りたい」という直接的なきっかけではなかったですけれど、そうした物語の世界に通じている、キラキラした入り口のような気はしたのかな……。「こんな世界に入りたい」と思った最初、だったように思います。

「私らしさ」に執着しない。

それでも、私がここまでどうにか女優を続けてこられた原動力のひとつは、人への興味、好奇心があったからです。

俳優や女優は人に興味がなかったら、できない仕事だと思うのです。

「私だったら、とてもこんなふうにはできないなぁ」

台本に書かれた登場人物のセリフを読むと、そんな発見があったり、

「そういう生き方もあるのか……！」

そんなふうに感心したり。

人の面白さは、そうやって年齢を重ねていくことで、自分という人間も変わっていくことです。許せなかったことが、許せるようになったり。

私もだんだん、頑なではなくなってきました。

「そういうのもやれるんじゃないか」

「やってみてもいいんじゃないか」

自分の考え方の「ものさし」の長さや種類が変わる、という感じかなぁ。だから、「私らしい」役にこだわらないように、これからも。

昔の仕事は、振り返らない。

執着がないせいか、映画でもドラマでも、自分の出演作品を録画したりして手元にずっと残しておいて見返すことってしないんです。それどころか、出演したドラマ、映画の放送や放映を見ること自体も、あまり好きではないんですね。

もちろん好きな作品、思い入れのある作品はあります。『岸辺のアルバム』は思い出に残っていますし、それから倉本聰先生が脚本を書いてくださった『うちのホンカン』。これは微笑ましいドラマでしたね。

そういうふうに挙げていけば、たくさんあるのですけれど、あらためて見直したりはしません。

もちろん見ると、懐かしい気持ちは湧き上がってきますし、昔「良かった」と感じたものは、今見ても「いいな」と思いますね。でも、

「ここが好きだなぁ」

「このシーンは大変だったなぁ」

そうやって振り返ることは、好きな作品、思い入れのある作品であっ

たとしても、ちょっと違うな、と思います。

どんなに好きな作品でも、それは私の中では終わったものなのです。

「昔の自分がどんな作品に出ていたか」

「昔の作品がどうだったか」

それよりも、今、目の前の仕事を大事にしたい。

今、この瞬間のお芝居を考えたり、反省したいのですね。


それに、映画もドラマも自分ひとりで作ったものではないのですから。

画家や彫刻家、芸術家ならば「これは自分の作品」と言えるのでしょうけれど、私の仕事は「みんなで作る総合芸術」の中の、小さな役割のひとつであって。

「私の作品だ」なんて考えたことは一度もありません。

何より自分のお芝居をテレビの前で座って見るということが、何だかすごく恥ずかしいんです。

だから、見ないの（笑）。

ただ時々、テレビをつけたら偶然、昔の作品の再放送が流れていることがあるでしょう？

どきっとしますね。やっぱり恥ずかしいなぁって。

歳を重ねたから、深く考えられる。

若い時は本当に何も知らないで、突っ走っていたという感じです。宝塚にいた頃は、仕事もいつも楽しかった。無責任に楽しかったですね。何も考えずに、自分のことだけ一生懸命やっていればよかったのですから。

セリフを覚えるのも早くて、覚えようと頑張らなくても自然にすーっと頭に入ってくるんです。台本を覚えるのに苦労した経験は思い当たりません。

でも最近は時間がかかるようになりましたね。

台本を読んだだけだと覚えられないんです。稽古で体を動かすと自然とセリフも入ってくるんですけれど、私ひとりだと稽古にはならないですからね。やっぱり相手の方がいて一緒にお芝居する。こうすると、わりあい早くセリフが入るんです。

ただ、そうなってきたのは単に歳をとって覚えが遅くなった、ということだけではないという気がします。

やっぱり、「考える」からです。

「考えるようになった」からです。

役ひとつ、セリフひと言をとっても、

「この人はどういう人なんだろうなぁ……」

「何を考えているんだろうなぁ……」

そうやって、色々とつっかえてしまうんです。自分の中で、その人のことを噛み砕いて、「あぁ、こうなのかもしれないな」と理解してからお芝居をしたいと思うのです。

やはり、年齢を重ねていけば、それと一緒にお芝居——仕事には責任が出てきますから、楽しんでばかりもいられません。もちろん瞬間的には楽しいのです。瞬間瞬間が自分の思うようにいった時などは、

「あぁ……よかったな」

そういう喜びは感じます。けれど、「全部が楽しい」ではなくて。

責任を持って仕事をするって、そういうものかもしれません。

だから若い頃、台詞を簡単に覚えられたのは、実はあんまりよく考えていなかった証拠だったなと、今になって思うのです。

そういう意味では、歳とるのも悪いことばかりではありません。ものごとを、じっくり、深く、考えられるようになっていくのですから。

役降板発表前、『やすらぎの刻～道』収
録に臨む。風吹ジュンさんとの1シーン。

演じる人の「気持ち」を
考えて、考えて、考える。

a.b.「これまでにない役がきても“そういう役もやれるんじゃないか”って思うように」。c. 撮影の合間にも台本に目を通す。「“今この人はどんな気持ちなのかな”って考えながらね」。

ちょっとだけ、無理をする。

70歳くらいになった頃からでしょうか。皆さんが私のことを心配してくださるようになりました。

「気をつけて――」

「あまり無理しないで――」

なんて、言われることも多くなりました。

「私もそういう歳になったんだなぁ」

その言葉で気づかされるようになりましたね。

言葉だけではなくて、撮影で外やスタジオを歩いていると、ちょっとした階段だったり段差があるでしょう？　すると、私に付いてくれている若い方がサッと手を差し出してくれるんです。


それが私はおもしろくないの（笑）。

階段を上がるにしても、私は自分で「大丈夫だな」と判断して上がっているんですけれど、横で見ているとどうしても心配になってしまって、それで手を貸そうとしてくれる。

ありがたいことですが、そういう時はちょっと怒るんです（笑）。

「手を貸して欲しい時は、私からお願いしますから」

「私が手を出したら、その時に支えるようにしてね」

やっぱり、いつも人を頼りにしていたらよくありません。つい、私のほうも手を出しちゃったりして、甘えてしまう。

それが嫌なんですね。


それでなくとも体力も筋力もどんどん落ちていきます。

自分だけでできることも少なくなっていきますし、今までできたことが、ままならなくなることも増えていきます。

ただ、だからと言って流されるがままでいることは不満です。自分でできるだけ、それに抵抗していきたいのです。

「無理をしないでどうするのかな……」

「どこかでちょっと頑張るほうが、〝生きている〟っていう感じがするのにな……」

そう思うのです。

だって、のんびり静かにしすぎたら、人生全体がつまらなくなってしまうでしょう？

だから、「ちょっとだけ無理をする」くらいの気持ちでいようって。

「甘えないで自分でやれ！」

自分で自分に、そう言い聞かせています。

ただ逆に、ちょっとではなく、たくさん無理をして頑張りすぎてしまうと、それも今の私にとってはいいことではありません。

ケガに繋がったり体調を崩したりしてしまって、結局、皆さんに迷惑をかけてしまうから。

そうならないように、「ちょっとだけ」。

それでも、毎年きちんと歳はとっていきますから（笑）。


この数年間はそんなふうに、決めていることもあって、仕事に限らず、普段の生活でも、意識してたくさんの予定をカレンダーに書き込むようにしています。

お友達と舞台を見に行ったり、出かけたり、山へ行く予定を立てたり、刺激を受けられる楽しい予定をできるだけ入れるように。

そうした予定は、すべて自分で責任を持つようにしています。小さな卓上カレンダーにどんどん書き込んで、自分なりにスケジュールの管理をするんです。

カレンダーだと手帳のように取り出して確認する手間もなくて、テーブルに置いてあるものをちょっと見れば、ひと目で予定がわかるので、とても便利です。

でも、そうすると、どうしても予定を詰め込むことになるんです。

カレンダーに書かれた予定を見ながら、

「こんなに色々できないわよねぇ……」

なんて、あとになって困ったり。自分で書いておきながら。

でも、たとえそうなったとしても、

「しんどいから用心してやめておこう……」

というのでは、やっぱりつまらないのです。

だから、約束の日時になったら、あまり後先のことは考えないようにしています。

予定どおりにすっと出かけて行って、ぱっと楽しくやって、さっと帰ってくる——そういう毎日のほうが、たとえ大変だったとしても、心がうきうきするんです。

まぁ、実際には、カレンダーに1週間の予定を3つくらい書き込んでいても、ひとつしかできないこともしょっちゅうなんですけれど。

それが悔しくて、

「頑張ってやっちゃおう」

と思って本当に無理をしすぎてしまうと、やっぱり体の調子も悪くなってしまうし……。難しいですね。


ただやっぱり、頑張らないでいることのほうが私は、どこか居心地が悪いのです。

そういう居心地の悪さのようなものって、積もり積もっていくと色々なことが上手くいかなくなることに繋がってしまう気がするのです。

だからこそ、「何だかちょっと気持ち悪いなぁ」という、その「ちょっと」を見過ごさないようにしたいのです。

ちょっとでも、怠けない。

女優は、体ひとつで表に出る仕事。この仕事は体力勝負なところがありますから、いくつになってもトレーニングも欠かせません。

スポーツ選手のように数字や記録には現れませんけど、ちょっと怠けるとすぐにわかってしまいます。

「あの人はだめね」と言われるようになるのは、あっという間。

人に求められる仕事ですから、「つまらないな」と思われたら、そこでおしまいです。そういう意味では厳しい世界だなと思います。

何より、「あ、怠けたな」「今、手を抜いたな」って、自分が一番わかります。そうしたちょっとした怠けや甘えを積み重ねていくと、色々なところで上手くいかなくなっていくような気がするんですね。悪いほう――取り返しのつかない大きな失敗へ繋がってしまう気がするんです。

だからできるだけ、自分を甘やかさないように。

ちょっとでも怠けないように。

そうしないと、どんどんだめになる気がするのです。意外と負けず嫌いなのかもしれません。


この間のドラマ撮影もそう。和室でのシーンで、カメラテスト、リハーサルと進んでいったのですが、本番を撮り終えるまでにちょっと時間がかかってしまって、2時間、ずっと畳の上で正座を続けたんです。

「本番まで膝を崩していてください」

スタッフの皆さんは気を遣ってくださって、何度もそうおっしゃってくださいましたが、

「うーん……でもやっぱり……私はこのままでいいです」

正直に言えば、もうかなり痛かったんですね（笑）。

でも、一度楽な姿勢になってから、また座り直すほうが大変そうだなぁって。そう思って崩さなかったのです。

それにね。

恥ずかしいじゃないですか？

「なぁんだ、このくらいのこともできないのか」

なんて思われたりしたら。だからやせ我慢。

やっぱり負けず嫌い、ですね。

4章

歳をとること。生きること。

できれば、何も遺さずに。

最近では「終活」なんていう言葉もありますが、80代にさしかかった頃、私も「遺言状」を作ろうとしたことがあるんです。

もちろん大真面目に。

主人が亡くなってから、ずっとひとりで暮らしてきましたから、私がいなくなったあと、この家や山の家、家財を預ける人がいません。

それが、だんだん現実的な気がかりになってきたんです。

家族がいれば自動的にその人が引き継いでくれるわけですが、そうでない場合は、残されたものたちがかわいそうですし、残された周りの皆さんだって困ってしまうでしょう？

だから、私が元気なうちに、

「遺言状を書いておこう」

ということになったのです。

作ってみて初めてわかったのですが、遺言状って大変なんです。

「全部、あの方にあげる」

では、いけないそうなんですね。

首飾りでも、時計でも、コーヒーカップでも、「誰に遺す」のか、ひとつひとつ決めないといけません。

そのためにやはり、ひとつひとつ写真を撮って、

「これはあの方に」

「それはこちらの方に」

と書き付けていく作業が必要です。

ところが、これがいけませんでした。

精神的に良くなかったのですね。だんだんと、気持ちが沈んでつらくなってきてしまって……。


ものが惜しくなった、というのではもちろんありません。

自分に死というものが近づいているのを実感したから、というわけでもありません。

私がものを捨てないでおくのは、それひとつひとつにたくさんの思い出、楽しかった、うれしかった、つらかった記憶があるから。

その思い出が私にとっては大事なんです。

「これはこの人に」

「あれはその方に」

そう決めていく作業が、思い出、大切な記憶まで手放していくような気がしたのです。

結局、その作業は途中でやめてしまいました。


ただ、ものはまだいいですが、生きものはそうはいきません。

私がいつ、いなくなってもいいように色々決めておかないといけないのです。犬や猫が好きな方——行く先をちゃんと見つけておかないといけないと思っています。

つくづく、家にいる犬と猫には、「かわいそうなことしたな」と思います。

もちろん、今の犬——ヴェルディを飼う時には、ものすごく考えました。本当を言えば、前の犬が死んだ時には心に決めていたんです。

「もうこれからは犬や猫は飼っちゃいけない」

「自分がもうそろそろ終わるという頃に、この子たちが何歳になるのかを考えないと……」

私自身のことを考えたら、どうしたって、

「絶対に飼ってはいけません」

という答えになるはずなのです。

だからヴェルディを飼うことを決める前から、

「あぁ……この子に悪いな……」

と、そればかり考えていましたから。

「飼いたいけれど我慢しよう……！」

直前まで、そう思っていたんですけれど、最後の最後で我慢できなかったんですね。ついつい自分のエゴに負けて……。


何も遺さなければ、心残りもなくて一番いいかもしれませんが、それすらも難しいものです。

ただ静かに終わるということも、なかなか大変だなぁと思います。

病気も「まぁ、しょうがない」。

2018年は、私にとって少し大きな出来事がありました。

人生で初めて大きな病気をしたのです。


一番最初の兆候はその1年ほど前——2017年の春先でしょうか。かかりつけのお医者様のところで、年に一度の検査をしていただいていた時に、検査結果を見ていた先生の表情が曇りました。

「ちょっと気になるところがありますね」

「私の先輩がいる病院を紹介しますよ」


紹介していただいた病院で詳しく再検査すると、胸に小さな悪いものがあるとわかりました。

乳がんです。

でも、それは結果的に、とても幸運だったのです。

「よくまぁ、こんな小さいのを見つけたねぇ……!」

そう先生が驚かれたくらい、とっても小さながん細胞だったのです。

そのおかげで手術もあっという間でした。

「……先生、これからですか？」

「え？　もう終わりましたよ」

そんなふうに私が気づかないうちにあっけなく終わり。入院もせずに、手術したその日のうちに自宅へ帰ってくることができました。


ところが。

その年の秋、今度は「膵臓が気になる」と。

実は、膵臓は以前にも「ちょっと気になる」と言われて検査をしたところだったのですが、その時は結局なんでもありませんでした。

それでも、今回も「一応、念のため」という先生の勧めに従って、検査をすることとしたのです。仕事のスケジュールもありましたから、12月中旬くらいだったでしょうか。

検査結果は2週間後。「年末にお知らせします」という話だったのですが、クリスマスに先生から電話がかかってきました。

こうした連絡が早い時は、得てして良くない知らせですが、やはり検査の結果が芳しくありませんでした。

「膵臓にどうも悪いものがあるようです」

膵臓がんという診断でした。


先生からそうお話を伺った時、私は、不思議とショックを受けたりということがありませんでした。どんな感情だったのか表現するのが難しいのですが、ひと言で表すのなら、

「おぉ、来たか……」

驚きよりも、「あ、とうとう来たんだ」という感覚でした。

先生は、図を描いて詳しく病状を説明してくださりながら、こうおっしゃいました。

「早めに手術をしたほうがいいでしょう」

私は医学のことも、がんという病気のことも全く詳しくありません。

わからないのだから、わからないことをひとりで難しく考えても仕方ありません。

ですから、結論はとてもシンプルでした。

「悪いところがあるなら、取ったほうがいいな」

今は医学が進んで、病気を治すのに手術をしないで済む方法もあると聞きました。

でも私は、「自分の体の中に悪いものがある」というそのことが、何だか気持ち悪くて嫌だったんです。

「悪いものができたのは、まぁしょうがない」

「悪いものがあるのなら、取ればいいか」

明けて2018年1月。

新年早々に入院をし、手術をしました。

前回の「気づかないうちに終わった」手術とは違い、6時間もかかった大きな手術でした。

病院でも、できることは自分で。

大きな手術でしたが、翌日にはもう、集中治療室から一般病棟に移れることになりました。集中治療室のある場所から新しい病室までは、かなりの距離。それでも、

「歩いていこう……！」

「歩かなきゃいけない……！」

手術直後のことは麻酔の影響もあって、あまり覚えていないのですが、先生が、

「手術の後は、すぐに歩いたほうがいいですよ」

「そのほうが回復が早いですよ」

と、おっしゃっていたことだけは頭に残っていたんですね。

「とにかく歩けば少しでも良くなるかな」

今振り返ると、あまりにも単純すぎて自分でもおかしくなってしまうのですが（笑）、私は本当にそう思ったのです。

先生も「すぐに歩いて――」は冗談半分だったそうで、まさか本当に

私が手術翌日に歩きだすとは思っていませんでしたから、周りの皆さんを驚かせてしまいました。

それでも、私自身はそんなに無理をしたつもりはなかったのです。

ただ、

「できることは自分でやろう」

そう思っていただけでした。


これまで、こんなに大きな病気をしたことがなかったものですから、「入院がどういうものかもわからない」ということも私にはよかったのかもしれません。

病院での日々の生活もリハビリも、「こういうものだ」と妙に納得して、受け入れていました。

「もう、しょうがないな」

「お任せするしかないな」

自分にはわからないことをよくよく考えていても仕方ありません。治療は先生やスタッフの皆さんにお任せして、私は私ができることをひとつずつやっていこう、と。

だから入院中は毎日歩きました。

私にできることは、とりあえずそれだけだったから（笑）。

調子のいい日もあれば悪い日もありましたが、続けているとだんだんと力がついてくるのが、かすかにわかるんです。そんな小さな体の変化がうれしくて。

「なんでも食べていいですよ」

そうお医者様から言われてもいたので、歩くことと同時に、食べて体力をつけようと考えました。

それに入院していても、お腹はすくんです。食事も普段以上にしっかり食べるようにしました。


ただ、もちろん不安がなかったわけではありません。

「今日はこれだけ歩けたから、これなら大丈夫かな」

「でも……ひょっとして、力がこのまま落ちてしまったり、歩けなくなってしまったらどうしよう……」

そういう気持ちが交互にやってきます。

春と夏には大切な仕事の予定も入っていました。

連続ドラマの撮影が3月に迫っていましたし、1か月半に及ぶ長丁場の舞台公演も控えています。その稽古も7月には始まるでしょう。

決まっている仕事を降りてしまうと、期待してくださったたくさんの人に迷惑をかけることになってしまう。やると決めたら決めたで、ひょっとしたら迷惑をかけてしまうかもしれない。

制作スタッフの皆さん、お医者様とも何度も話し合いを重ねました。ただ、お医者様にとっても、私くらいの年齢の人の回復具合を正確に予想するのは難しく、3月に仕事に復帰していいのかどうか判断するのはなかなか難しいようでした。

自分のことですし、自分の体です。

最後はやっぱり自分で判断するしかありません。

「……それでも、できる範囲でやらせていただこう」

そう決めて、自宅へ戻った2月からは、とにかく体力の回復に努めました。ドラマの撮影まであと1か月しかありませんから。

病気をして痩せてしまった分を取り戻そうと、自宅でも頑張って食べて、毎日歩いて……。

体力が回復してきてからは、筋肉をつけるために、寝る前の体操も再開しました。

体力が落ちるということは、単に「力がなくなる」だけではないのです。頭の回転も、入院前の自分と比べてちょっとのんびりになってしまったように感じて、さらに不安になったりもしましたが、経過観察で先生が「回復が早いですね」とおっしゃってくださると、それだけで力が湧きました。

「あぁ、私は回復が早いんだ……！」

「それならやれるんじゃないかな……！」

現金なものですね。

そうやって少しずつ、毎日毎日進んでいけるだけで力がわいてくるようで、とてもうれしいことでした。

私らしく、演じたい。

3月に入ってドラマの収録が始まりましたが、一部の方を除いて制作スタッフの皆さん、共演者の皆さんには病気のことはお知らせをせずに、現場に臨むことにしました。

なるべく普通に。

なるべく余計な気を遣わせないように。

手術で膵臓をすべて取ってしまった影響で、毎日決まった時間にインスリン注射をする必要がありましたから、食事休憩だけはなるべく決まった時間になるようにお願いしました。

ただ、それ以外はこれまで通りに過ごさせてもらうことができました。皆さんの支えもあって、無事に3か月間の撮影を乗り切ることができました。やっぱりホッとしました。

「まだできるんだ」

そう思えて、うれしかったのです。

でも、もうひとつの大きな仕事――舞台が始まるのは恐ろしさもありました。

と言うのも東京での公演が、夏の盛り、8月に18日間続いて、その後、埼玉、石川、神奈川、愛知、兵庫での公演もある予定でした。

演目はアーネスト・トンプソンの戯曲『On Golden Pond』を原作とした、『黄昏』という作品。

誰にでも訪れる「老い」と「家族の絆」というテーマが、静かにそして優しく描かれています。

これまで私はこの作品に登場するエセルという役を2003年、2006年と2度、演じてきました。今回で3度目です。私自身、どこか自分の人生と重なっているような、それくらい大好きで大切にしている作品でした。

ただ、劇中あちこち動き回る演技も多く、なかなかにハードなお芝居が必要です。そしてドラマや映画と違って、舞台本番は失敗してもやり直しがききません。1回勝負です。

「大丈夫かな……」

「体力はもつかな……」

稽古が迫ってきて、ふと気がつくとそんなことばかり頭をよぎりまし

た。ある時は、

「乗り越えられるかな……」

と思ったり、またある時は、

「もうダメかな……」

なんて弱気になったり。

その頃が、病気をしてから一番気持ちが揺れた時期だったかもしれません。

「しょうがないか」

「不安に思わないでおこう」

頭ではそう思っていましたし、そう言ってもいましたけれど、やっぱり心のどこかには心配があったのだろうと思います。

俳優、女優という仕事は、一度動き出してしまうと途中ではやめられないという責任がありますからね。

舞台という仕事はすごく好きで、なるべくならば出たい。加えて『黄昏』は、とても気に入っている作品です。

そして何より、自分の気持ちが前を向いていました。

「これが最後になるかもしれない」

「迷惑をかけてしまうかもしれないけれど、私は、私らしく、演じたい」

だから思い切って、見る前に飛んでみました。

稽古も公演が始まってからも、ひやひやすることもあったり、本番中に舞台で転んでしまったりもして。

長丁場で体力的にも大変でしたが、共演者の方々、スタッフの方々に助けていただきながら、もう勢いで駆け抜けて……。


「もう少し、ちゃんとやりたかったな」

終わって振り返ってみると、自分としては、やはりそういう思いもあります。

でもそれも含めて、今の私らしくはあったのかな。

迷惑をかけるようになったら。

「誰かに迷惑をかけるようになったら、女優はやめよう」

これは私が病気になるずっと前から、頭の片隅に置いていることです。

昔、私の好きな女優さんのひとりに、夏川静江さんという方がいらっしゃいました。

私よりもずっと先輩で、もうだいぶ前に亡くなられたのですが、私のお母さん役をやっていただいたりしたことがあって、親しくお話しをさせていただいた方でした。

その夏川さんが、とても潔い方だったのです。

「人に迷惑をかけるようになったら、私は（女優を）やめます」

常々、そうおっしゃっていたのですね。

そして、その言葉どおり、とても若いうちに引かれたんです。自分で「もう限界だな」と思われたのでしょうね。

私は、それが「見事だなぁ」と思いました。

「迷惑をかけるようになったらやめよう」と思うようになったのは、夏川さんがきっかけなのだろうと思います。

映画やドラマ、舞台の仕事には、本当に多くの人が関わっています。だからこそ、「ちゃんとやりたい」と思う一方で、こうも思うのです。「そういう仕事だからこそ、誰かに迷惑をかけてまでやるべきではない」きっと皆さん、気を遣って私が仕事をしやすいように力を貸してくださるだろうけれど、「それは絶対にしちゃいけない」

という思いは強く自分の中にあるんです。歳とともに、ふとした時に、それを思うようになりました。

俳優や女優の仕事をしている方の中には、「舞台で死ぬのは本望だ」ということをおっしゃる方もいますが、私はあまりそんなふうには思えないんです。

大好きな仕事、場所だからこそ、迷惑をかけたくないなぁって。本当にそう思います。

今回、病気で役を降板したことで、皆さんに迷惑をかけてしまったとは思うのですが、「これで良かった」という気持ちもあるんです。

撮影がもっと進んでいて、途中で降りることになってしまったら、さらに大変だったに違いありません。


ここ数年はドラマの仕事をいただくたびに、

「あぁ、これでもうドラマは、おしまいかな……」

そう思って一所懸命に、一生懸命にやっていたんです（笑）。

それは半分冗談で半分本気ですが、「最後」と思うことで、思い切ってお芝居ができるようになってきたのかもしれません。

一方で、そうなると新しい気持ちも湧きました。

「自分の人生は、自分の思うように生きるべきかな……」

80歳をとうに超えて今さらですが、そんなふうに思ったりもします。

「どんなふうに見えてもいいから、思い切ってお芝居をやってみよう」

そうやって仕事をしているせいなのか、また新しい仕事のお話しをいただいてしまって……（笑）。

そうするとやっぱり、この舞台のように「やってみようかな」って思ってしまうんです。

やっぱり、うれしいですよね。

また、やりたくなりますよね。

だから、なかなか最後にはならないんです。

転移しても、お腹はすく。

夏の舞台もなんとか乗り越えて、２０１９年も新しいドラマの仕事が決まっていました。体力や筋力、日々の生活も少しずつ「以前と同じくらいに戻ってきているな」と感じていた矢先、２０１９年1月中旬、転移が見つかりました。

今度は肝臓でした。

2週間に一度、病院で受ける抗ガン剤治療の時に行う血液とCTスキャンの検査を終えて自宅へ帰ると、高い熱が出てしまったのです。

「これは何の熱だろう？」

病院へ戻ってもう一度詳しく調べたところ、「肝臓に転移している」ということがわかって。

膵臓がんの手術をしてから、ちょうど1年です。

「ちょっと早いなぁ……」

「もう少し先に行ってからでもよかったのになぁ……」

そう思ったりもしました、やっぱり（笑）。

それでも肝臓のがんは幸いなことにほんの少し。検査画像を見ても、「ちょっとあるかな……」というくらいだということで、強い抗がん剤を使わずに、これまでと同じ抗がん剤で継続治療していこう、ということになりました。

だから元気なんですね。

今のところ（笑）。

ニュースを見たみなさんが、「入院してウンウンうなっているんじゃないか？」と心配してくださっているようなんですが、美容院へ行って《90歳のがん治療》という週刊誌の記事をじっくり読める程度には、わりあい普通に暮らしています（笑）。

食事も普通に——やっぱりお腹、すくんですよね（笑）。

「病気なのになぁ」って自分でもおかしくなっちゃうのですけれど。以前はそんなに食べなかったのですけれど、甘いものが食べたくなるようになりました。膵臓を取ってしまったので、インシュリンを注射して血糖値をコントロールしないといけません。

だから、甘いものや、おやつが自由には食べられなくなってしまったのですが、人って不思議ね。「食べられない」となると、なぜだか無性に食べたくなるのです。

ただ、薬の関係で舌の調子がちょっとおかしい時があるのか、何を食べても、「苦くて苦くてどうしようもない」という日や、体が重くて「しんどいなぁ……」と思う時も時々、ね。

それでも、考えたってしょうがないなぁと思うのです。

だって、私は先がそう長くないでしょう？　病気をしていなくたって、もうこの歳です。

たった1年で肝臓へ転移したということも、私がもっと若かったら、もっとショックだったかもしれませんし、考えることもたくさんあっただろうと思います。

「もっともっと、何かやっていきたいのに……！」

「もっともっと、自分の人生を歩いていきたいのに……！」

「この辺で終わらせられてしまうのか……！」

そんなふうには、あまり考え込まずに済んでいるのは、私が、もうそんなにこの先長く生きる年齢でもない、ということが大きいと思います。

「あぁ……まぁ、しょうがないな」

「病気は病気で、まぁ精一杯生きるしかないなぁ」

それは我慢して、そういう気持ちになっているのではなくて。

素直に、そういう気持ちなんですね。

大事なことだからこそ、正直に。

体も気持ちもわりあい大丈夫だったのですが、すぐに困ったことが起きました。

仕事です。

２０１９年は、すでにいくつかお話しをいただいている状況。中でも２０１７年に放送されたドラマ『やすらぎの郷』の続編、『やすらぎの刻～道』への出演は、差し迫った心配事でした。

テレビ朝日開局60周年記念ドラマとして、４月から1年間放送されるという作品。それに私は１人２役で出演することになっていました。倉本聰先生の脚本も出来上がって、すでに撮影も１シーン済ませていました。もちろん制作発表もしています。

「どんな無理をすることになっても、このドラマには出よう……！」

最初は、そう思っていたのです。でもお医者様は反対しました。

「一度ここでしっかり休んで、治してしまったほうがいいでしょう」

私は、大きな病気をしたことがこれまで一度もありませんでした。病気で仕事をお休みしたこともありません。一度だけ、舞台公演直前にインフルエンザにかかってしまったことがあるだけ。その時は、本番初日から6日目までお休みさせていただいて、外出禁止が解けた7日目からぶっつけ本番で舞台に立って、なんとか間に合わせました。

今回、降板ということになれば、スタッフの皆さんや共演者の方々に大きな迷惑をかけることになってしまいます。

一方で、無理をして撮影を続けたとして、途中でどうにもならなくなって投げ出すようなことになったら、それこそ取り返しがつきません。

結局、『やすらぎの刻〜道』は、2役のうち、まだ撮影が始まっていなかったほうをお休みさせていただく「役降板」することに決めました。

「そのほうが迷惑をかけずに済むな」

「ここで病気をしっかり治してしまおう」

そう思っての決断でした。

ただ、降板するからには、皆さんにお伝えしなければなりません。

「病気のことも含めて、皆さんに正直にお伝えしてしまおう」

もちろん、私としてもあまり言いたくはないことです。

「病名を公表するにはちょっと嫌だな……」

そんなためらいも、私の中になかったわけではありません。やっぱり「がん」という病気は、その字からして、とても強烈ですものね（笑）。

でも、何か間違った話が伝わるほうが嫌だったんですね。

「皆さんに、何か余計な心配をおかけしたりするのも悪いしな……」

「病名までは明かさなくとも……」と言ってくださる方もいましたが、最後は私のわがままを聞いてもらいました。

「やっぱり、正直にお伝えしよう」

昔に比べて、今はもう、がんという病気の認識も変わってきました。

「しっかり治療すれば治る病気」だというふうに。同時に、2人に1人ががんになる時代とも言われ、同じ病気の方もたくさんいます。

「あの人も同じ病気なんだ」

「じゃあ頑張ってみようかな」

私が隠さず正直に丁寧に今回のことをお伝えすることで、そんなふうにひとりでも、思ってくださるようなことがあったら。

私が少しでも力になれるようなことがあったら。

私がこういう病気になった意味——というと大げさですけれど、何か、そういうこともあるかもしれない。そう考えて、お伝えしたんです。

人は、「忘れる」生きものだから。

人間って、忘れる生きもの――忘れられる生きものだと思うのです。

夜中ベッドに入っている時、ふとした時に色々なことを考えてしまうこともあります。

「うーん……どうしたらいいかなぁ……」

「これから、どうなるのかなぁ……」

何も特別なことを考えるわけではないですけれど、なんとなく不安になって眠れなくなるんです。

でも人間って、ずっと思い悩めるようにはできていませんから。

「私、こんなふうになっちゃった……」

そうやって思い続けられるものではないと思うんですね。

お友達や大切な人たちとお話ししたりしていると、楽しいことを考えたりしていると、すっかり病気のことは忘れています。現金ね（笑）。

でも、だからまた「頑張ろう」と思えるんじゃないかな。

上手く溶け合って。

家の近所でよく見かけて「ブーちゃん」と名付けていた猫が重い病気になってしまって、亡くなる直前、家で面倒を見ていたことがありました。治療の甲斐なく、だんだん弱っていって。最後はごはんも食べず目も開けず、ただただ眠るように、じっとしているだけでした。

「このまま死んでしまうかもしれない……」

そう思って、私は名前を呼んでみました。すると、「ブーちゃん」と呼ぶたびに、しっぽだけ「ピン！」と立てるのです。

けなげに答えてくれるのですが、あまり何度も呼んだら疲れてしまうから、と少しの間だけ離れたんです。

その間に亡くなっていました。

目をつぶったまま、すごく優しい顔をして、静かに。

そんなブーちゃんを見ていて、なぜだか穏やかな気持ちになりました。

「あんなふうに半分寝ていて、そのまま逝けるのもいいなぁ」

1月に転移が見つかって、それまでよりも、もっと、「いつかは死ぬんだ」ということがはっきりしてきました。

おかしなもので、「はっきりしてきた」なんてことを言っていても、どこかでまだ、「病気だ」ということを私自身が信じていないところもあるのですね（笑）。矛盾しているようですけれど。

「死ぬことは必ずあるんだ」

それは、ある年齢になれば皆さん誰しもが自覚することでしょう。それでもどこかで、自分が死ぬことが信じられない、どこか他人事のように思っている部分って、やはり誰しもが心の中に持っているものかもしれないなぁ、と思います。

やっぱり、「生きる」ということに人間って一生懸命なんです。

それでいいんじゃないかな。

これからどれくらい私が生きていくのかは、わからないですけれど、最後は上手く溶け合ってというか、ね。

それで終われば、いいなぁって。

今を、きちんと生きる。

60、70、80、そして88と歳を重ねてきて、自分にも「死」というものが近づいてきたな、と思っていました。そして今回、こうして病気になったことで、それがはっきりと、かたちとして見えてきました。ただ頭で考えるだけではなくて、「いつかは必ず来る」ということが、現実としてすごくはっきりと感じられるようになりました。

私は、人の寿命——命の時間は決まっているんじゃないかという気がしています。神様が、「この人は……このくらいで」なんていう具合に。だから私もそうなのでしょうね。きっとそういうふうに決まったところで、さよならするのだから、あまり嫌だとは思いません。

時期が人によって、ちょっとずつ違うというだけのことで。歳をとったり病気になったりということは、もちろん深刻なんです。深刻なのですが、それはやっぱり仕方のないこと。いつかこの世からいなくなるのは、人だけでなくて、動物も植物もみんな平等ですから。

「どうしようもないことは、考えなくていい」

起きてもいない先のことや、もう取り返しのつかない昔のことも同じようにどうしようもないこと。病気をしてから、さらにそう思うことが多くなりました。

そう考えると、やっぱり、第一に考えないといけないことは「今」だと思います。

ぶきっちょなのか、元々の性格なのかはわかりませんが、私は何より「今」がちゃんとしていないと、何か居心地が悪いというか、気持ち悪くて嫌なのです。

まずは「今、目の前にあること」を大事にすること。ごまかしてそのまま先に進んでも、やっぱりどこかで上手くいかなくなるんですね。

自分が、ちゃんと納得できているかどうか。

納得してから、先に進んでいるかどうか。

もちろんそうやって進んだとしても、大抵のことは、

「失敗したな……」

「もっとこうすればよかったな……」

c.

a.

b.

好きなものに囲まれて。

a. えさ台が置かれた庭には、スズメやメジロをはじめ色々な種類の小鳥たちがやってくる。b.「知らない人がいると降りてこない」猫。自分が一家の主のつもり!? c. 家の中には動物だけでなく草花も。「生きているものは、みんな好き（笑）」。

と、思うようにできているのね、悔しいけれど。

「もう少し、誰かのために生きられなかったかな」

「人のために何かできることはなかったかな」

ここまで来ておいて、私も、そう後悔することもあります。

いいお芝居をして、いい作品を作って見てもらうことで誰かを元気づけたり誰かの力になったり、というのが私の仕事。

それはもちろん大事な仕事だと思うのですが、女優という仕事を通して、ということでなく、

「直接的に人のためにできることがあったんじゃないか」

たとえわずかだったとしても、困っている人のために生きる時間があったかもしれないのに、できなかったなぁ……。

それとはまったく逆に、

「あぁ、もっと女優だけに突き進めたら良かったなぁ」

ということも時々、思うのです。

「なんだか、いい加減にここまで来ちゃったなぁ」

なんて。もちろん仕事には本当に一生懸命なんだけれど、どこか突き詰めていくと「一生懸命じゃない」ところがあるような気がするのです。

いつもと同じ優しい時間。

毎日庭にやってくる「よその猫ちゃん」。まるでわが家のように大きな顔をしてウトウト居眠り。

上手い表現が見つからないのですけれど、「何かひとつだけに、のめり込んでしまうことが少ない」というかな。私にとって、女優っていう仕事も好きで大事なのだけれど、「山に登る」ことも私にとってはすごく大事なことだったり、「誰かのために何かをしたい」ということにも、これもまたすごいエネルギーがあって……。欲張りなのでしょうね、きっと。

私が、もっと「女優という生き方」で、もっと強く生きてこられたら、また違っていたのかもしれません。

でも、後悔があったとしても、反省があったとしても、自分が納得するまで、「今」から逃げないことが大事だと、私は思うのです。

「もう、ここまで考え抜いて、ここまでやったのだから」

「どうなっても、まぁいいか……」

そう思えるまで今をとことんやるから、納得してまた前に進めます。

そうやって色々考えても、結局、思い通りにいかないものですけれど、それが生きるということなんじゃないかな。

だからこそ、今——その日その日、一日一日、瞬間瞬間を大事に過ごしたいな、と思うんです。

小さなところで、幸せに、楽しく。

――あとがきにかえて――

「読者の方が、興味を持ってくださることを書かないといけない」

そう考えながら、「こんなことはどうかなぁ」と私なりに正直に書いてみたつもりですけれど、果たして答えらしきものはあったのかどうか。

ただ、書くことは私自身のこれまでを見返す時間でもありました。

「私が思っていること、考えていることとって何だろう」

そうやって、ひとつひとつ考えながらでしたから、なんだか、とてもまどろっこしい気もします。

「もっと上手に伝えたかったなぁ」

「ここは、こう書けばよかったかなぁ」

「あんなふうに伝えたら、もっとよかったかもしれない」

いいアイデアは、後から出てくるものなのですよね、いつも。

でも。

生きることって、そういうことの繰り返しなのかもしれませんね。

こうやって振り返ってくると、これまで本当に色々な方が、たくさんの方が、「私のことをかわいがってくださったなぁ」と思います。「神様にお礼を言いたいなぁ」と思うくらい。

本当に皆さんに、かわいがっていただきました。

うれしいこと楽しいことはたくさんありました。大変なこと、つらいことやしんどいことも、まぁ、それなりにあったのかもしれません。

それもこれもみんな一緒にして、「幸せだったなぁ」と思います。

そう思いながら、私は今も、小さなところで、幸せに、楽しく、暮らしています。

それで、充分です。

2019年 新緑の季節に

八千草 薫

まあまあふうふう。

著　者　八千草 薫

編集人　栃丸秀俊

発行人　倉次辰男

発行所　株式会社主婦と生活社
〒104-8357　東京都中央区京橋3-5-7
編集部　TEL 03-3563-5194
販売部　TEL 03-3563-5121
生産部　TEL 03-3563-5125
http://www.shufu.co.jp

製版所　東京カラーフォト・プロセス株式会社

印刷所　太陽印刷工業株式会社

製本所　小泉製本株式会社

ISBN978-4-391-15250-0